Impressum
Verlag: BABADADA GmbH, Nedderfeld 112 , 22529 Hamburg
Geschäftsführer / Verlagsleitung: Harald Hof
Druck: Books on Demand GmbH, In de Tarpen 42, 22848 Norderstedt

Imprint
Publisher: BABADADA GmbH, Nedderfeld 112 , 22529 Hamburg, Germany
Managing Director / Publishing direction: Harald Hof
Print: Books on Demand GmbH, In de Tarpen 42, 22848 Norderstedt

sekolah

school

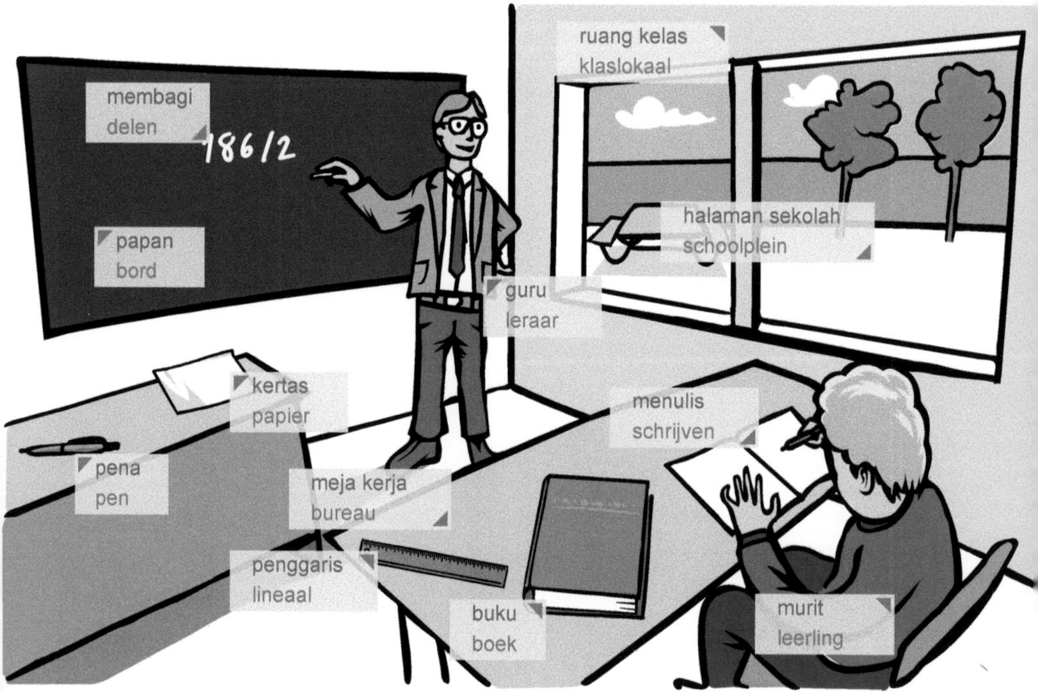
ruang kelas
klaslokaal
membagi
delen
186/2
papan
bord
halaman sekolah
schoolplein
guru
leraar
kertas
papier
menulis
schrijven
pena
pen
meja kerja
bureau
penggaris
lineaal
buku
boek
murit
leerling

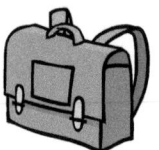

tas sekolah

schooltas

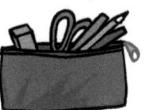

tempat pensil

etui

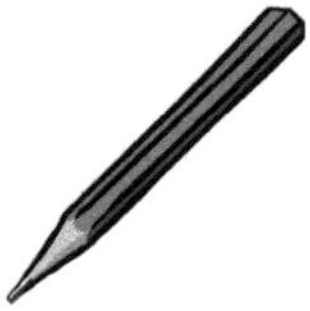

pensil

potlood

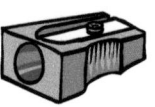

pengasah pensil

puntenslijper

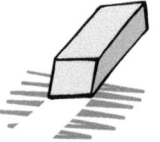

penghapus

gum

kertas gambar

schetsblok

gambar

tekening

kuas

penseel

kotak cat

verfdoos

gunting

schaar

lem

lijm

buku latihan

schrift

pekerjaan rumah

huiswerk

angka

getal

tambhakan

optellen

mengurangi

aftrekken

mengalikan

vermenigvuldigen

menghitung

rekenen

huruf

letter

alfabet

alfabet

kata

woord

teks

tekst

membaca

lezen

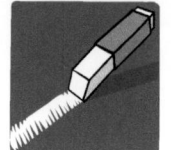

kapur

krijt

pelajaran

les

daftar

klassenboek

ujian

examen

sertifikat

diploma

seragam sekolah

schooluniform

pendidikan

opleiding

ensiklopedi

encyclopedie

universitas

universiteit

mikroskop

microscoop

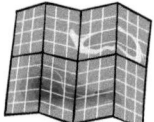

peta

kaart

tempat sampah

prullenmand

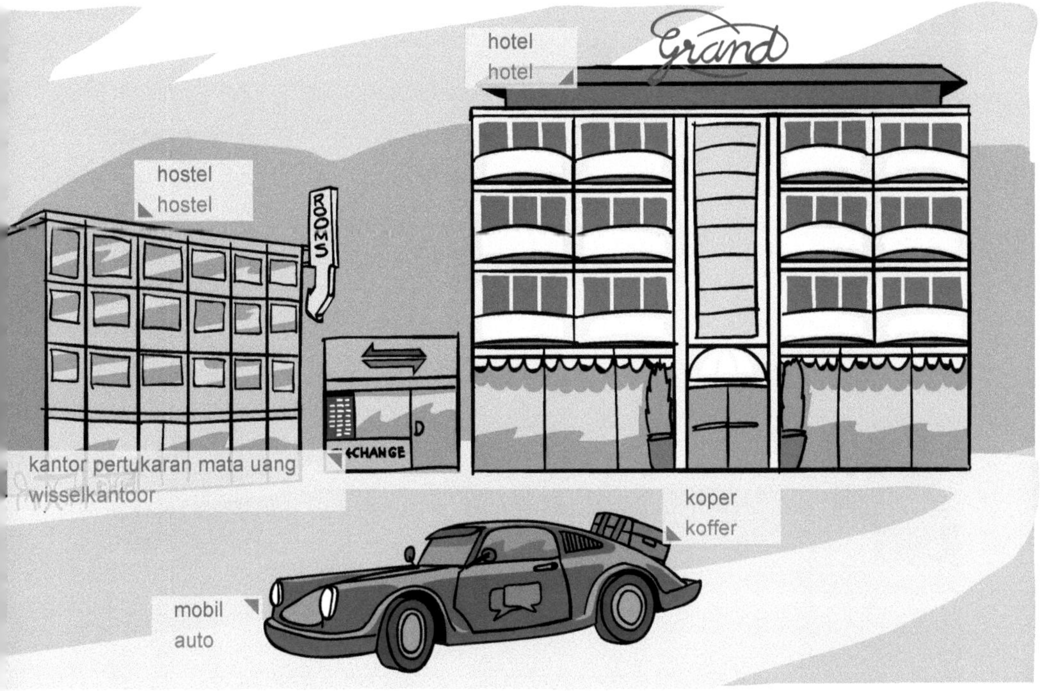

hotel
hotel
Grand
hostel
hostel
ROOMS
EXCHANGE
kantor pertukaran mata uang
wisselkantoor
koper
koffer
mobil
auto

bahasa

taal

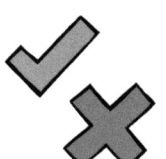

ya / tidak

ja / nee

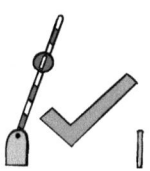

okay

oké

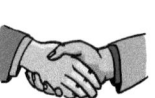

hallo

Hallo!

penerjemah

tolk

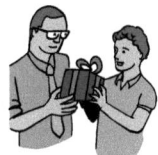

terima kasih

Bedankt.

Berapa harganya...?

Wat kost ...?

saya tidak mengerti

Ik begrijp het niet.

masalah

probleem

Selamat malam!

Goedenavond!

Selamat siang!

Goedemorgen!

Selamat tidur!

Goedenacht!

sampai jumpa

Tot ziens!

arah

richting

bagasi

bagage

tas

tas

ransel

rugzak

tamu

gast

ruang

kamer

kantong tidur

slaapzak

tenda

tent

informasi wisata

VVV-kantoor

pantai

strand

kartu kredit

creditkaart

sarapan

ontbijt

makan siang

lunch

makan malam

diner

tiket

kaartje

elevator

lift

perangko

postzegel

perbatasan

grens

cukai

douane

kedutaan

ambassade

visa

visum

paspor

paspoort

transportasi
transport

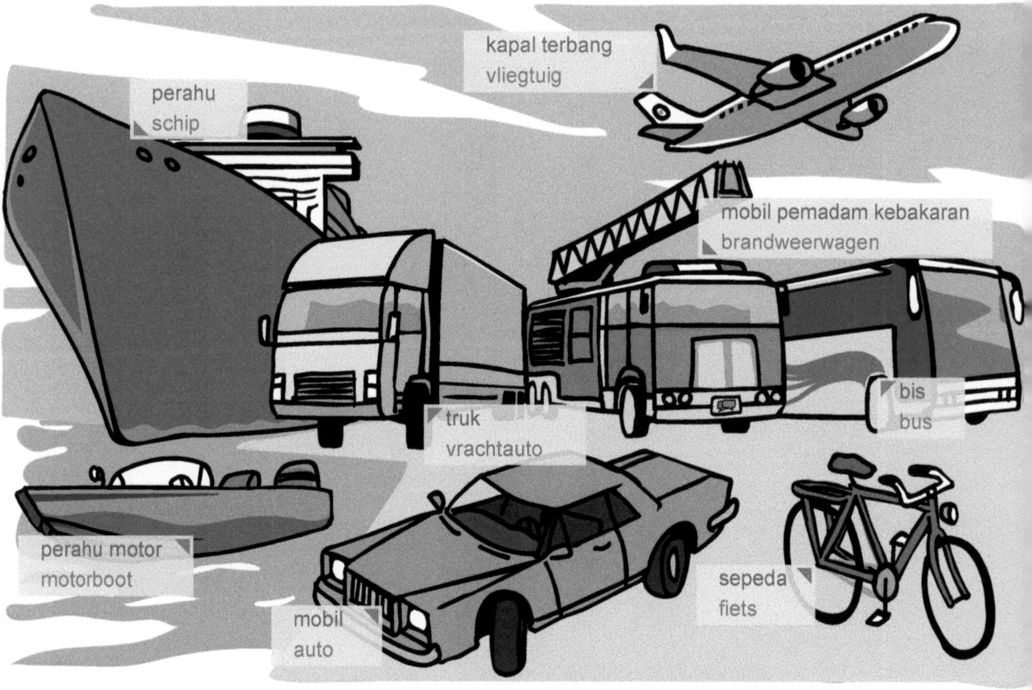

kapal terbang
vliegtuig
perahu
schip
mobil pemadam kebakaran
brandweerwagen
truk
vrachtauto
bis
bus
perahu motor
motorboot
sepeda
fiets
mobil
auto

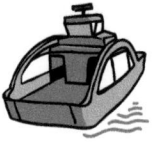

feri

veerboot

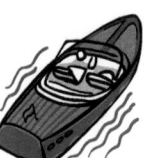

perahu

boot

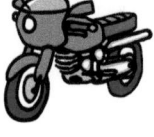

sepeda motor

motorfiets

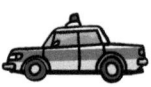

mobil polisi

politiewagen

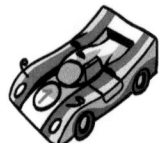

mobil balapan

raceauto

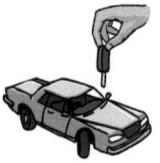

mobil sewa

huurauto

berbagi mobil

carsharing

truk derek

takelwagen

truk sampah

vuilniswagen

motor

motor

bahan bakar

benzine

bensin

benzinepomp

tanda lalulintas

verkeersbord

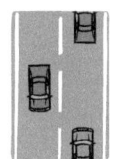

lalulintas

verkeer

macet

file

parkir mobil

parkeerplaats

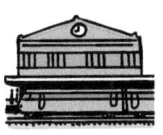

stasiun kereta

station

trek

rails

kereta api

trein

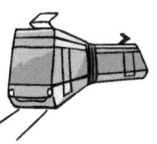

tram

tram

gerobak

wagon

helikopter
helikopter

bendara
luchthaven

menara
toren

penumpang
passagier

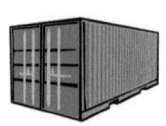

container
container

karton
verhuisdoos

troli
kar

keranjang
mand

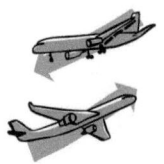

berangkat / mendarat
opstijgen / landen

kota
stad

desa
dorp

pusat kota
stadscentrum

rumah
huis

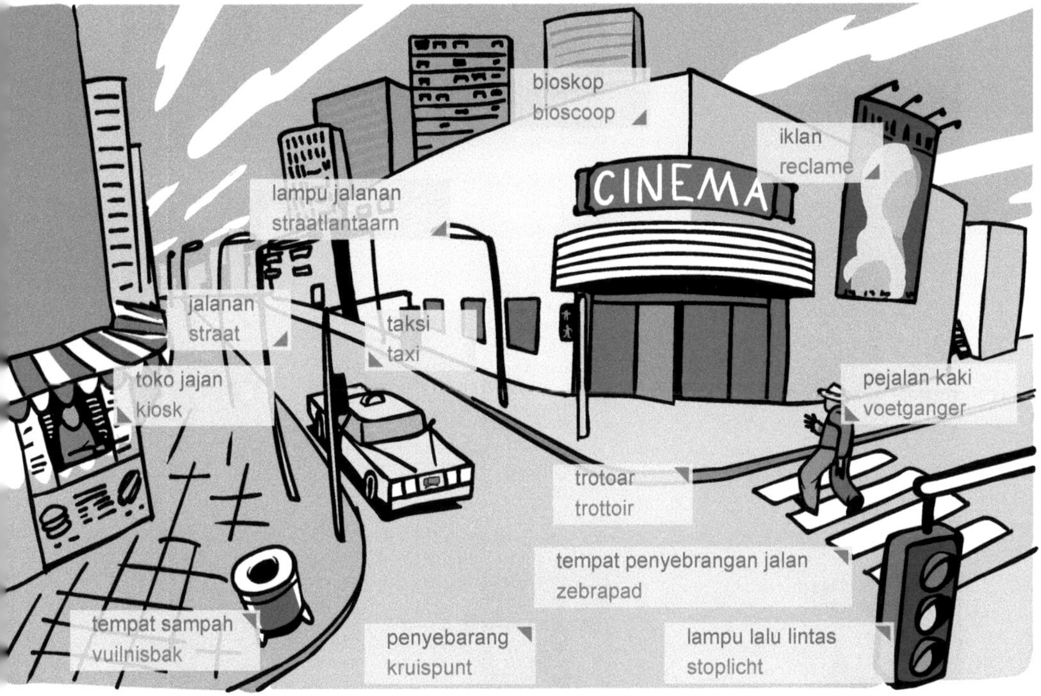

bioskop
bioscoop

iklan
reclame

lampu jalanan
straatlantaarn

CINEMA

jalanan
straat

taksi
taxi

toko jajan
kiosk

pejalan kaki
voetganger

trotoar
trottoir

tempat penyebrangan jalan
zebrapad

tempat sampah
vuilnisbak

penyebarang
kruispunt

lampu lalu lintas
stoplicht

gubuk

hut

rumah flat

appartement

stasiun kereta

station

balai kota

stadhuis

museum

museum

sekolah

school

universitas

universiteit

bank

bank

rumah sakit

ziekenhuis

hotel

hotel

farmasi

apotheek

kantor

kantoor

toko buku

boekenwinkel

toko

winkel

toko bunga

bloemenwinkel

supermarket

supermarkt

pasar

markt

toko serba ada

warenhuis

nelayan

visboer

pusat belanja

winkelcentrum

pelabuhan

haven

taman

park

banku

bank

jembatan

brug

tangga

trap

kereta bawah tanah

metro

terowongan

tunnel

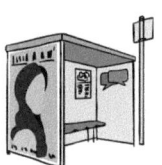

pemberhantian bis

bushalte

bar

bar

restauran

restaurant

kotak surat

brievenbus

tanda jalan

straatnaambord

meteran parkir

parkeermeter

kebun binatang

dierentuin

kolam renang

zwembad

mesjid

moskee

pertanian

boerderij

polusi

vervuiling

kuburan

begraafplaats

gereja

kerk

tempat bermain

speelplaats

pura

tempel

pemandangan
landschap

daun
blad

penunjuk arah
wegwijzer

jalanan
weg

padang rumput
weide

batu
steen

pejalak kaki
wandelaar

pohon
boom

sungai
rivier

rumput
gras

bunga
bloem

lembah

vallei

bukit

berg

danau

meer

hutan

bos

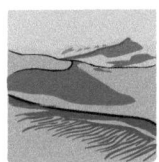

padang gurun

woestijn

gunung berapi

vulkaan

istana

kasteel

pelangi

regenboog

jamur

paddenstoel

pohon palem

palmboom

nyamuk

mug

lalat

vlieg

semut

mier

lebah

bij

laba-laba

spin

kumbang

kever

kodok

kikker

tupai

eekhoorn

landak

egel

kelinci

haas

burung hantu

uil

burung

vogel

angsa

zwaan

babi jantan

wild zwijn

rusa

hert

rusa

eland

bendungan

stuwdam

turbin angin

windmolen

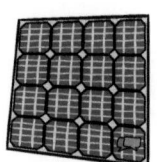

panel surya

zonnepaneel

iklim

klimaat

restauran

restaurant

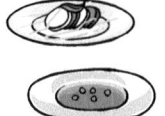

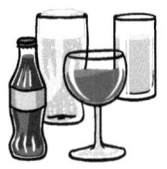

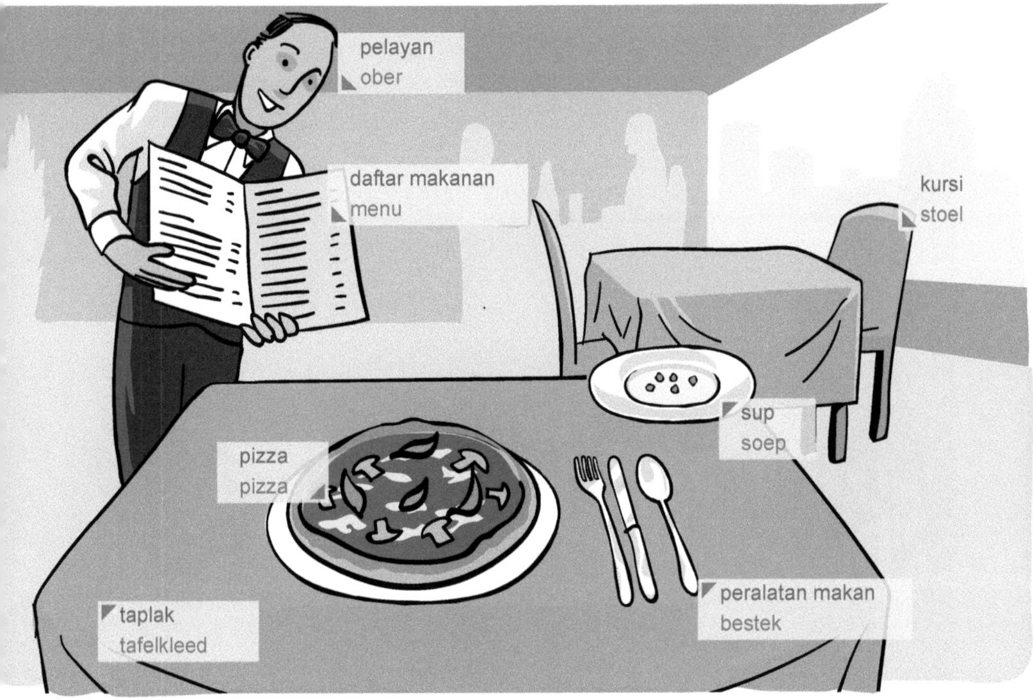
pelayan
ober
daftar makanan
menu
kursi
stoel
sup
soep
pizza
pizza
peralatan makan
bestek
taplak
tafelkleed

hindangan pembuka

voorgerecht

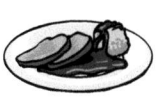

hidangan utama

hoofdgerecht

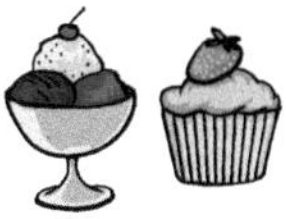

hidangan penutup

toetje

minuman

dranken

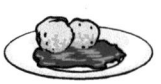

makanan

eten

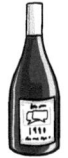

botol

fles

fastfood

fastfood

masakan jalanan

eetkraampje

teko teh

theepot

kaleng gula

suikerpot

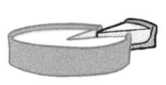

porsi

portie

mesin espresso

espressomachine

kursi tinggi

kinderstoel

tagihan

rekening

baki

dienblad

pisau

mes

garpu

vork

sendok

lepel

sendok teh

theelepel

serbet

servet

gelas

glas

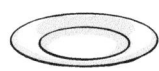

piring

bord

piring sup

soepbord

lepek

schotel

saus

saus

tempat garam

zoutvaatje

gilingan merica

pepermolen

cuka

azijn

minyak

olie

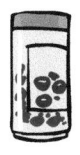

bumbu

kruiden

saus tomat

ketchup

mustar

mosterd

mayones

mayonaise

supermarket
supermarkt

penawaran khusus
aanbieding
FOR
klien
klant
produk susu
zuivelproducten
buah
fruit
troli
winkelwagen

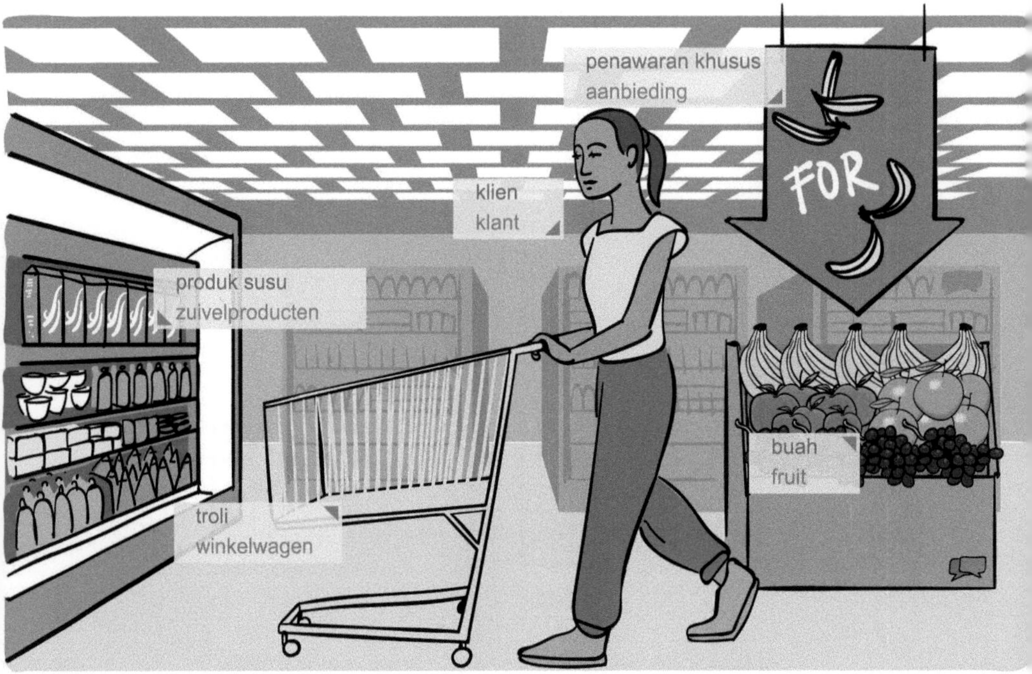

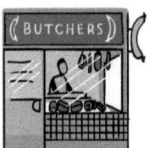

BUTCHERS

pembantai

slager

BAKERY

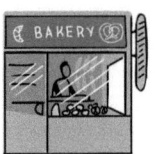

toko roti

bakkerij

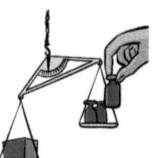

menimbang

wegen

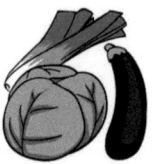

sayur

groente

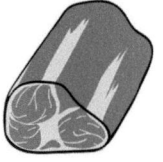

daging

vlees

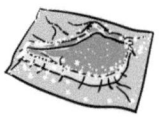

makanan beku

diepvriesproducten

pemotongan dingin

vleeswaren

makanan kaleng

conserven

sabun serbuk

wasmiddel

permen

snoepgoed

alat-alat rumah tangga

huishoudelijke artikelen

obat pembersihan

schoonmaakmiddel

penjual

verkoopster

kasa

kassa

kasir

kassier

daftar belanja

boodschappenlijstje

jam buka

openingstijden

dompet

portefeuille

kartu kredit

creditkaart

tas

tas

kantong plastik

plastic zak

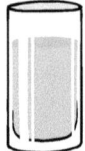

air
water

jus
sap

susu
melk

cola
cola

anggur
wijn

bir
bier

alkohol
alcohol

coklat
chocolademelk

teh
thee

kopi
koffie

espresso
espresso

cappucino
cappuccino

pisang

banaan

apel

appel

jeruk

sinaasappel

semangka

watermeloen

jeruk lemon

citroen

wortel

wortel

bawang putih

knoflook

bambu

bamboe

bawang bombai

ui

jamur

paddenstoel

kacang

noten

mi

pasta

spagetti

spaghetti

nasi

rijst

salat

salade

kentang goreng

friet

kentang goreng

gebakken aardappelen

pizza

pizza

hamburger

hamburger

sandwich

sandwich

sayatan

schnitzel

ham

ham

salami

salami

sosis

worst

ayam

kip

menggoreng

gebraad

ikan

vis

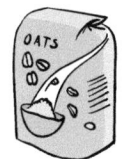

bubur gandum

havermout

sereal

muesli

cornflakes

cornflakes

tepung

meel

croissant

croissant

roti

broodjes

roti

brood

toast

toast

biskuit

koekjes

mentega

boter

dadih

kwark

kue

taart

telur

ei

telur goreng

gebakken ei

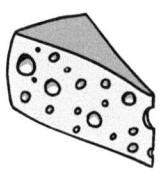

keju

kaas

eskrim

ijs

gula

suiker

madu

honing

selai

jam

krim nugat

chocoladepasta

kare

kerrie

pertanian
boerderij

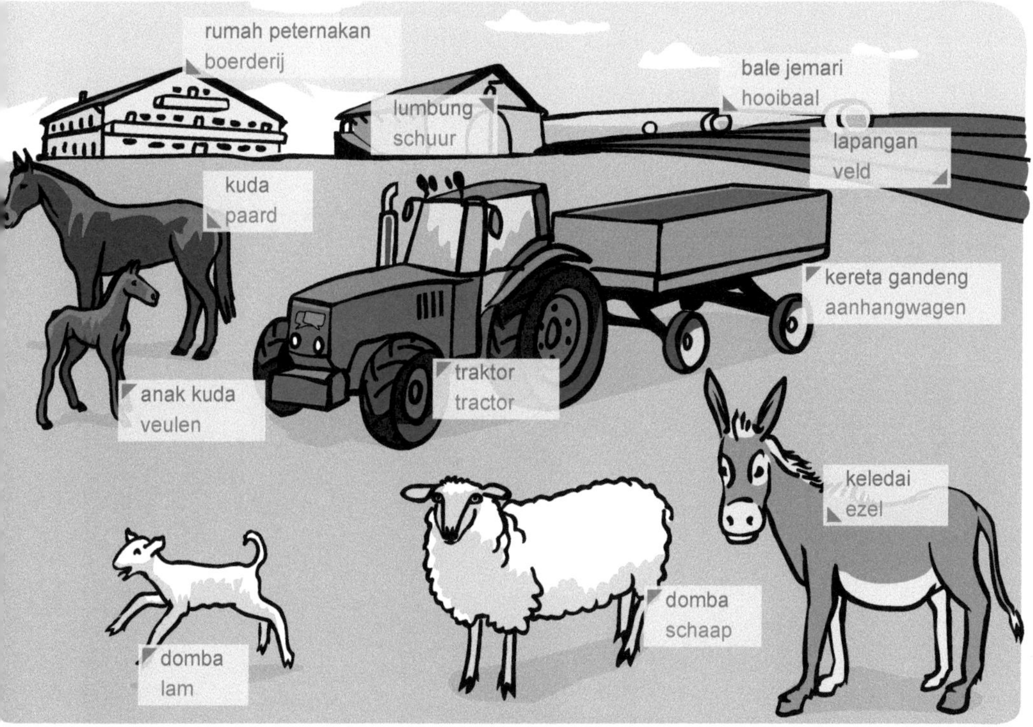
rumah peternakan
boerderij
lumbung
schuur
bale jemari
hooibaal
lapangan
veld
kuda
paard
kereta gandeng
aanhangwagen
anak kuda
veulen
traktor
tractor
keledai
ezel
domba
schaap
domba
lam

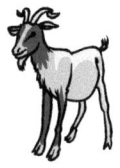

kambing
geit

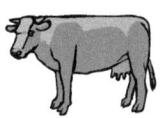

sapi
koe

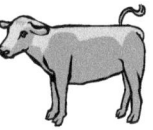

betis
kalf

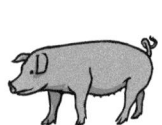

babi
varken

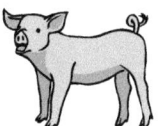

celeng
big

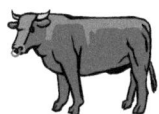

banteng
stier

angsa

gans

bebek

eend

anak ayam

kuiken

ayam

kip

ayam jantan

haan

tikus

rat

kucing

kat

tikus

muis

lembu

os

anjing

hond

rumah anjing

hondenhok

selang

tuinslang

penyiram

gieter

sabit

zeis

bajak

ploeg

sabit

sikkel

cangkul

schoffel

garpu rumput

hooivork

kapak

bijl

gerobak

kruiwagen

palung

trog

kaleng susu

melkbus

karung

zak

pagar

hek

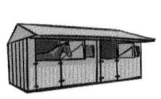

kandang

stal

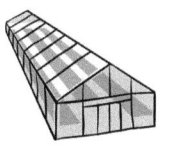

rumah kaca

broeikas

tanah

grond

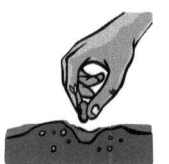

benih

zaad

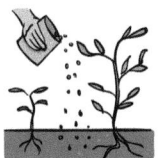

pupuk

mest

mesin pemanen

maaidorser

panen

oogsten

panen

oogst

yams

yam

gandum

tarwe

kedelai

soja

kentang

aardappel

jagung

maïs

lobak

koolzaad

pohon buah

fruitboom

singkong

maniok

sereal

granen

rumah
huis

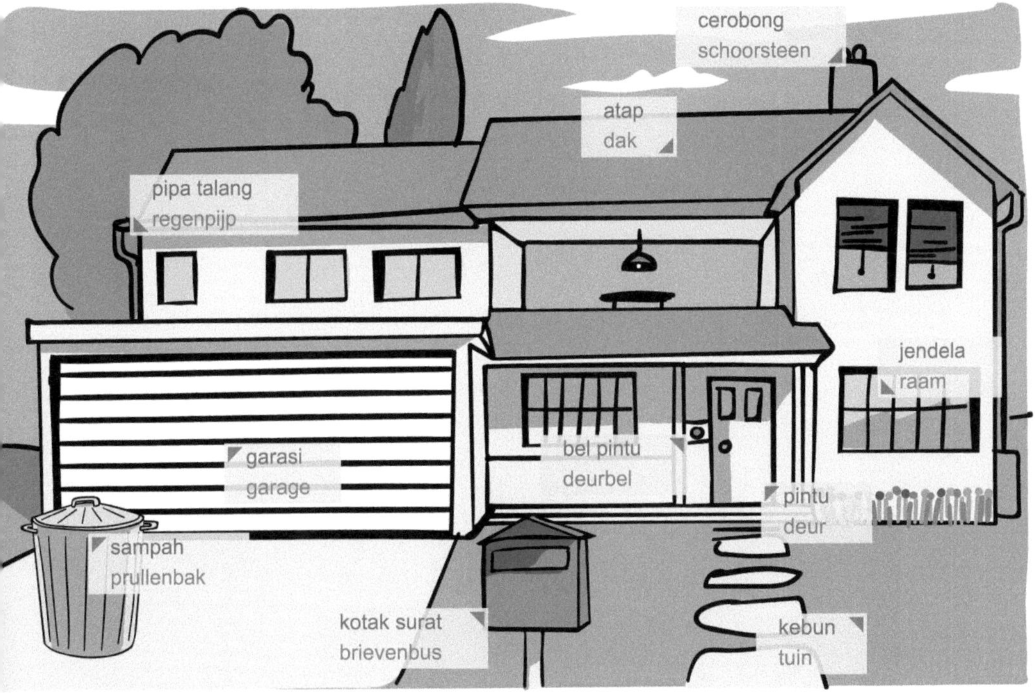
cerobong
schoorsteen
atap
dak
pipa talang
regenpijp
jendela
raam
bel pintu
deurbel
garasi
garage
pintu
deur
sampah
prullenbak
kotak surat
brievenbus
kebun
tuin

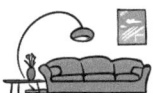

ruang tamu

woonkamer

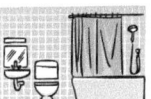

kamar mandi

badkamer

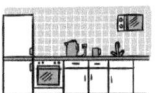

dapur

keuken

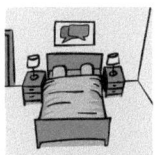

kamar tidur

slaapkamer

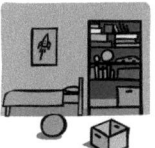

kamar anak

kinderkamer

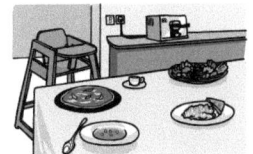

kamar makan

eetkamer

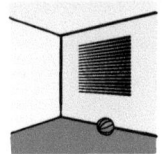

lantai

vloer

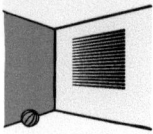

tembok

muur

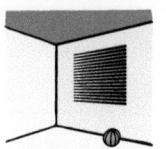

atap

plafond

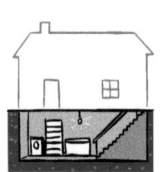

gudang di bawah tanah

kelder

sauna

sauna

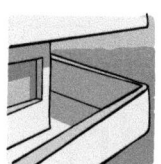

balkon

balkon

teras

terras

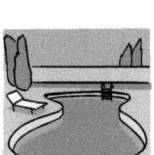

kolam renang

zwembad

mesin pemotong rumput

grasmaaier

sprei

laken

selimut

bedsprei

tempat tidur

bed

sapu

bezem

ember

emmer

tombol

schakelaar

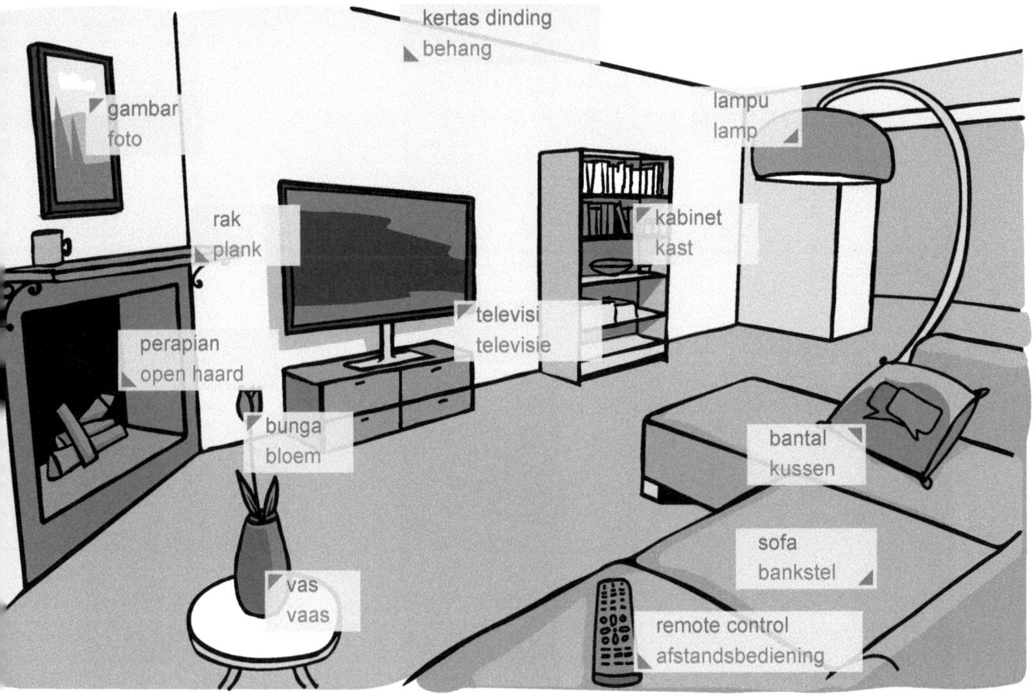

kertas dinding
behang

gambar
foto

lampu
lamp

rak
plank

kabinet
kast

perapian
open haard

televisi
televisie

bunga
bloem

bantal
kussen

sofa
bankstel

vas
vaas

remote control
afstandsbediening

karpet
tapijt

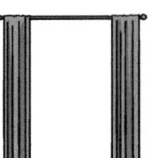

korden
gordijn

meja
tafel

kursi
stoel

kursi goyang
schommelstoel

kursi malas
stoel

buku
boek

selimut
deken

dekorasi
decoratie

kayu bakar
brandhout

filem
film

hi-fi
stereo-installatie

kunci
sleutel

koran
krant

lukisan
schilderij

poster
poster

radio
radio

buku tulis
kladblok

penyedot debu
stofzuiger

kaktus
cactus

lilin
kaars

dapur
keuken

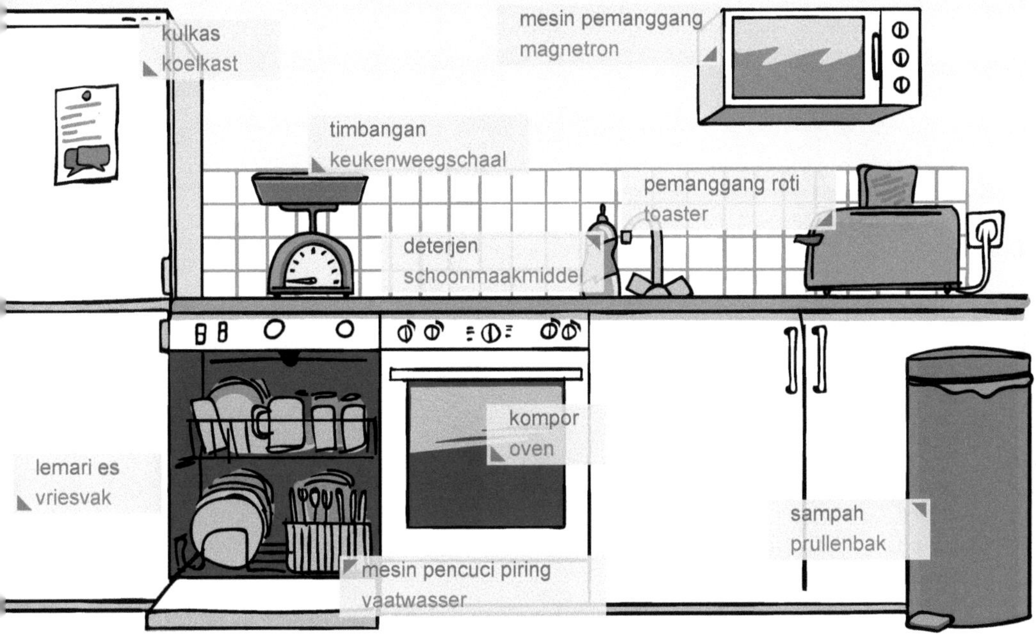
kulkas
koelkast
mesin pemanggang
magnetron
timbangan
keukenweegschaal
pemanggang roti
toaster
deterjen
schoonmaakmiddel
kompor
oven
lemari es
vriesvak
sampah
prullenbak
mesin pencuci piring
vaatwasser

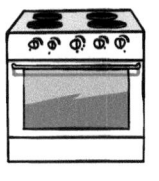

kompor

fornuis

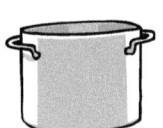

panci

pan

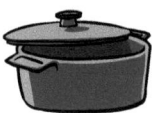

panci besi

gietijzeren pan

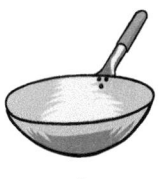

wajan

wok / kadai

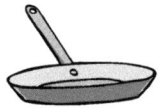

panci

koekenpan

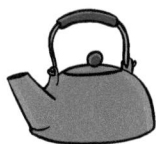

pemanas air

ketel

panci pengukus makanan

stoomkoker

nampan

bakplaat

piring

servies

cangkir

beker

mangkok

kom

sumpit

eetstokjes

sendok sup

soeplepel

sudip

spatel

mengocok

garde

saringan

vergiet

saringan

zeef

parutan

rasp

mortir

vijzel

barbeque

barbecue

api terbuka

vuurhaard

papan memotong

snijplank

gilingan

deegroller

alat pembuka botol

kurkentrekker

kaleng

blik

pembuka kaleng

blikopener

pegangan panci

pannenlap

wastafel

wasbak

sikat

borstel

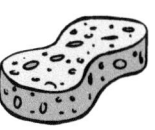

busa

spons

mesin pencampur

blender

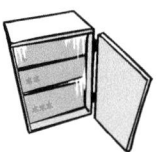

lemari es

vriezer

botol bayi

babyflesje

keran

kraan

kamar mandi
badkamer

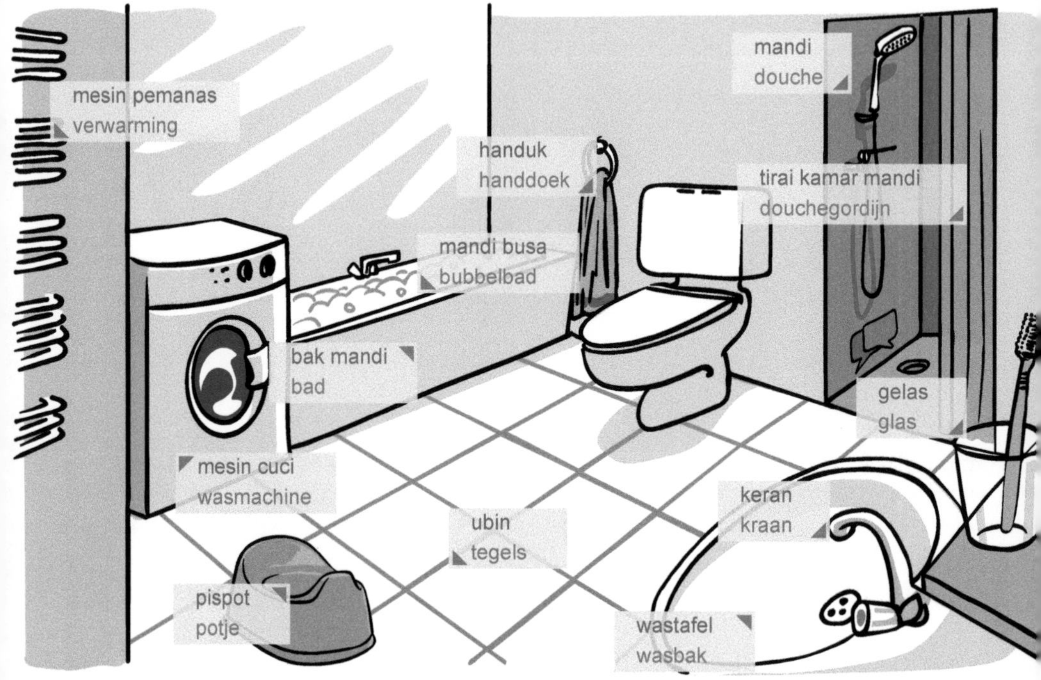

mesin pemanas
verwarming
mandi
douche
handuk
handdoek
tirai kamar mandi
douchegordijn
mandi busa
bubbelbad
bak mandi
bad
gelas
glas
mesin cuci
wasmachine
keran
kraan
ubin
tegels
pispot
potje
wastafel
wasbak

toilet

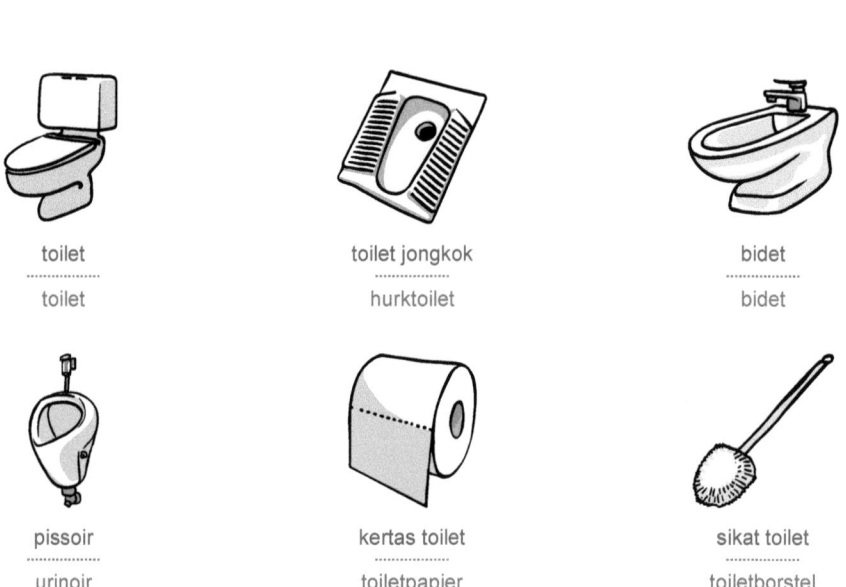

toilet

toilet jongkok

hurktoilet

bidet

bidet

pissoir

urinoir

kertas toilet

toiletpapier

sikat toilet

toiletborstel

sikat gigi

tandenborstel

pasta gigi

tandpasta

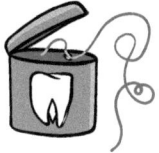

benang gigi

flosdraad

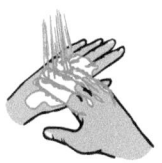

menyuci

wassen

pancuran tangan

handdouche

pancuran

toiletdouche

bak

waskom

sikat punggung

rugborstel

sabun

zeep

gel mandi

douchegel

sampo

shampoo

planel

washanje

kuras

afvoer

krim

creme

deodoran

deodorant

kaca

spiegel

cermin tangan

make-upspiegel

pisau cukur

scheermes

busa cukur

scheerschuim

aftershave

aftershave

sisir

kam

sikat

borstel

alat pengering rambut

haardroger

semprot rambut

haarspray

makeup

make-up

lipstik

lippenstift

cat kuku

nagellak

kapas

watten

gunting kuku

nagelschaartje

minyak wangi

parfum

kantong pencuci

toilettas

bangku

kruk

timbangan

weegschaal

mantel mandi

badjas

sarung tangan karet

rubber handschoenen

tampon

tampon

handuk pembalut

maandverband

toilet kimia

chemisch toilet

kamar anak
kinderkamer

jam alarm
wekker
boneka tidur
knuffeldier
mobil-mobilan
speelgoedauto
kelintung
rammelaar
rumah boneka
poppenhuis
kado
cadeau

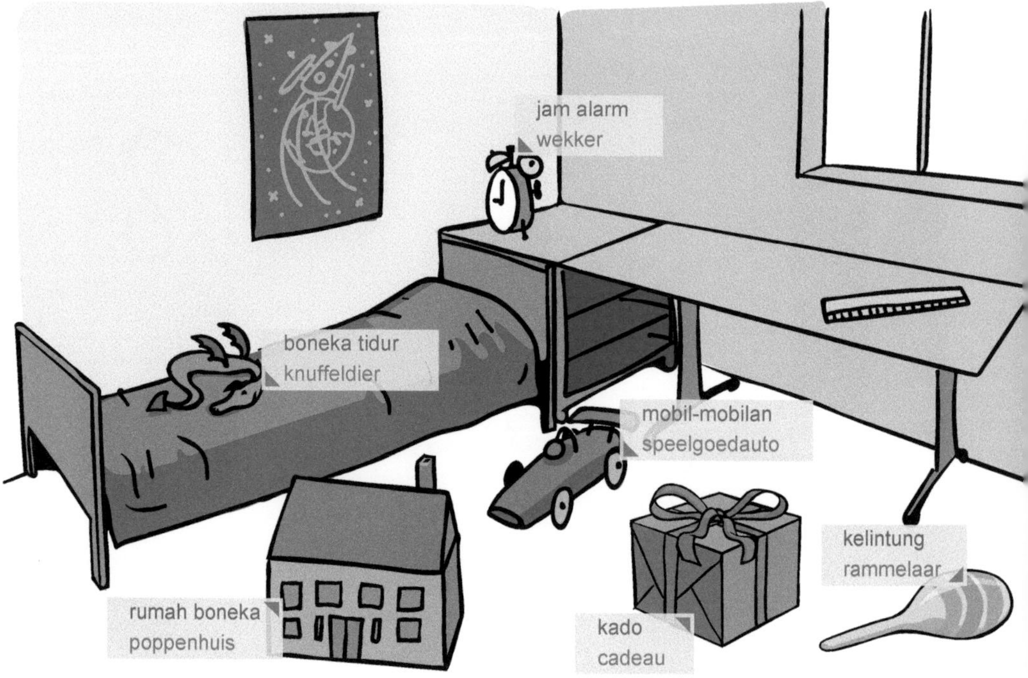

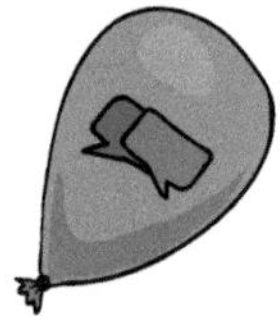

balon
ballon

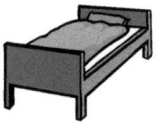

tempat tidur
bed

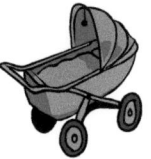

kereta bayi
kinderwagen

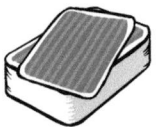

mainan kartu
kaartspel

teka-teki
puzzel

SUPER
MEGA

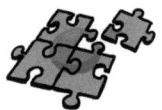

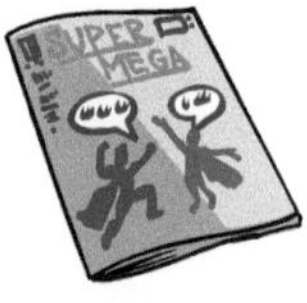

komik
stripverhaal

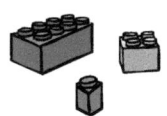

mainan lego

legostenen

blok mainan

speelgoedblokken

figur aksi

actiefiguurtje

baju monyet

romper

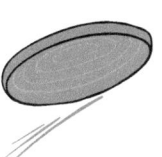

frisbee

frisbee

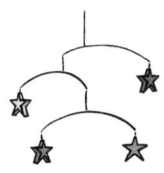

mobile

mobile

permainan papan

bordspel

dadu

dobbelsteen

set model kreta api

modeltrein

dot

speen

pesta

feestje

buku gambar

prentenboek

bola

bal

boneka

pop

bermain

spelen

tempat main pasir

zandbak

ayunan

schommel

mainan

speelgoed

video game konsol

spelcomputer

sepeda roda tiga

driewieler

teddy

teddybeer

lemari pakaian

kleerkast

pakaian
kleding

kaos kaki

sokken

kaos kaki

kousen

baju ketat

panty

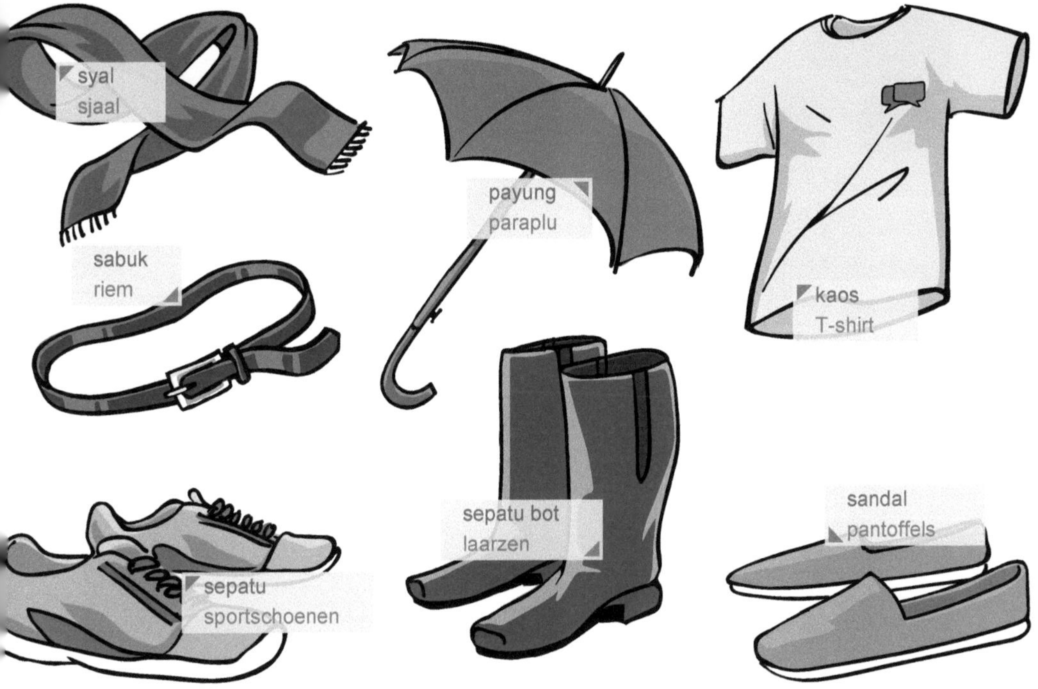

syal
sjaal

payung
paraplu

kaos
T-shirt

sabuk
riem

sepatu bot
laarzen

sandal
pantoffels

sepatu
sportschoenen

sandal
················
sandalen

sepatu
················
schoenen

sepatu bot karet
················
rubberlaarzen

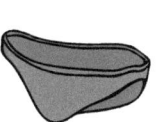

celana dalam
················
onderbroek

BH
················
beha

baju rompi
················
onderhemd

body
body

celana
broek

jeans
spijkerbroek

rok
rok

blus
blouse

kemeja
overhemd

aket berkerudung
trui

sweater
hoody

jaket
blazer

jaket
jas

mantel
mantel

jas hujan
regenjas

kostum
kostuum

gaun
jurk

gaun pengantin
trouwjurk

setelan resmi
....
pak

gaun tidur
....
nachthemd

piyama
....
pyjama

sari
....
sari

jilbab
....
hoofddoek

turban
....
tulband

burka
....
boerka

kaftan
....
kaftan

abaya
....
abaja

pakaian renang
....
zwempak

celana renang
....
zwembroek

celana pendek
....
korte broek

olah raga
....
trainingspak

celemek
....
schort

sarung tangan
....
handschoenen

kancing

knoop

kacamata

bril

gelang

armband

kalung

ketting

cincin

ring

anting

oorbel

topi

pet

gantungan mantel

kledinghanger

topi

hoed

dasi

stropdas

ritsleting

rits

helm

helm

tali selempang

bretels

seragam sekolah

schooluniform

seragam

uniform

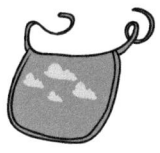

oto

slabbetje

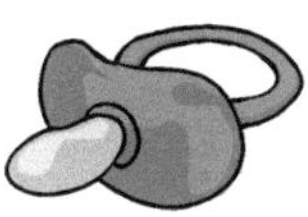

dot

speen

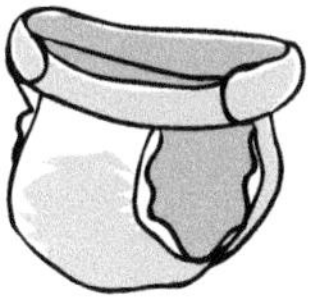

popok

luier

kantor

kantoor

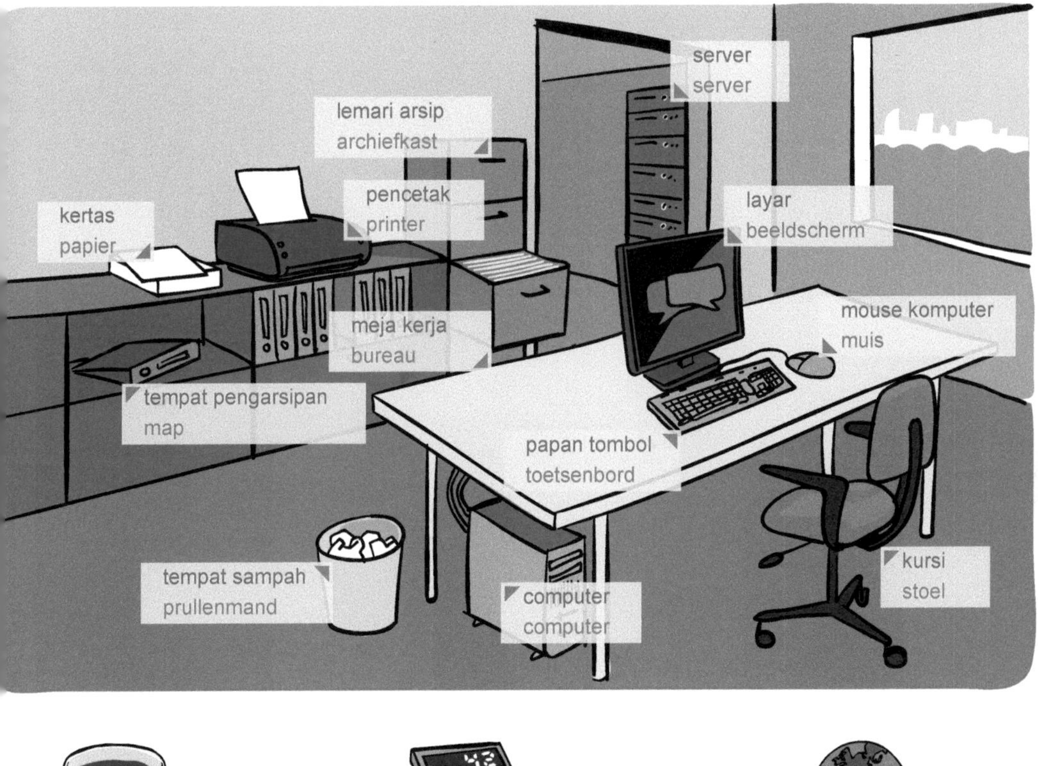
server
server
lemari arsip
archiefkast
pencetak
printer
kertas
papier
layar
beeldscherm
mouse komputer
muis
meja kerja
bureau
tempat pengarsipan
map
papan tombol
toetsenbord
kursi
stoel
tempat sampah
prullenmand
computer
computer

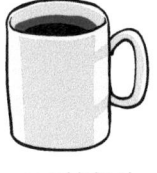

cangkir kopi

koffiemok

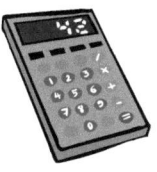

kalkulator

rekenmachine

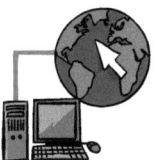

internet

internet

laptop
laptop

surat
brief

pesan
bericht

telepon seluler
mobiele telefoon

jaringan
netwerk

fotokopi
kopieermachine

software
software

telepon
telefoon

plug soket
stopcontact

mesin fax
fax

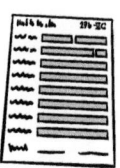

formulir
formulier

dokumen
document

membeli

kopen

membayar

betalen

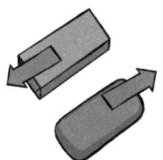

berdagang

handel drijven

uang

geld

Dollar

dollar

Euro

euro

Yen

yen

Rubel

roebel

Franc Swiss

Zwitserse frank

Renminbi Yuan

renminbi yuan

Rupiah

roepie

ATM

geldautomaat

kantor pertukaran mata uang
wisselkantoor

emas
goud

perak
zilver

minyak
olie

energi
energie

harga
prijs

kontrak
contract

pajak
belasting

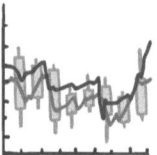

saham
aandeel

bekerja
werken

karyawan
werknemer

majikan
werkgever

pabrik
fabriek

toko
winkel

pekerjaan
beroepen

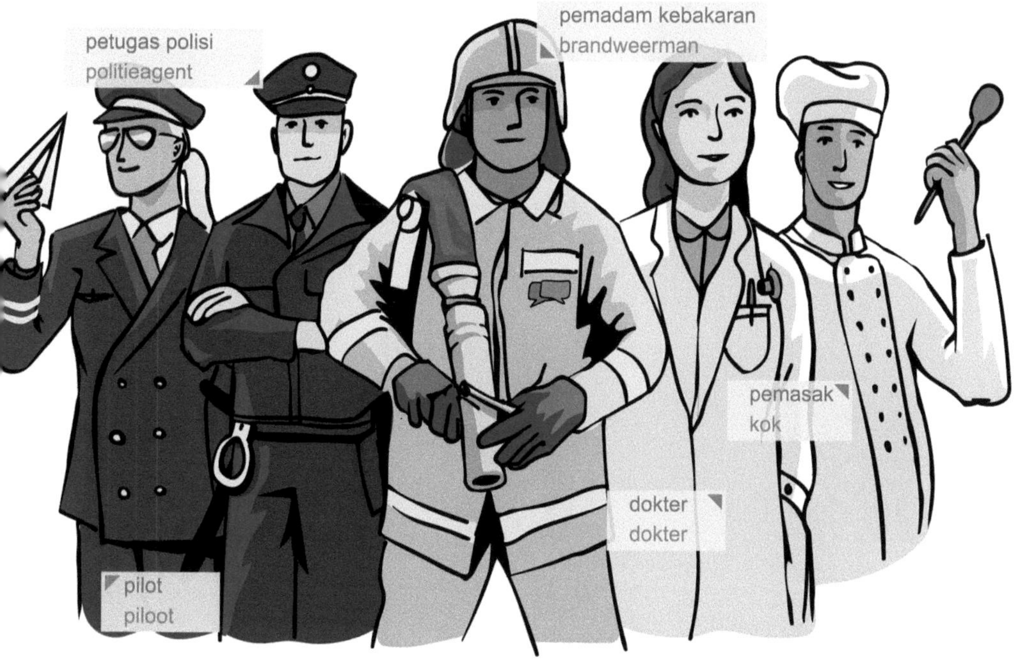

pemadam kebakaran
brandweerman
petugas polisi
politieagent
pemasak
kok
dokter
dokter
pilot
piloot

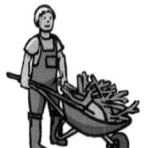

tukan kebun

tuinman

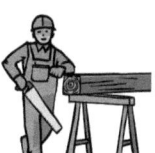

tukang kayu

timmerman

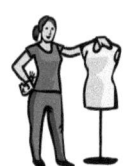

penjahit wanita

naaister

hakim

rechter

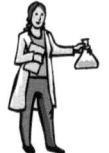

ahli kimia

scheikundige

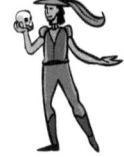

aktor

toneelspeler

sopir bis

buschauffeur

sopir taksi

taxichauffeur

nelayan

visser

pembantu

schoonmaakster

tukang atap

dakdekker

pelayan

ober

pemburu

jager

pelukis

schilder

tukang roti

bakker

tukang listrik

elektricien

pembangun

bouwvakker

insinyur

ingenieur

tukang daging

slager

tukang ledeng

loodgieter

tukang pos

postbode

tentara

soldaat

arsitek

architect

kasir

kassier

penjual bunga

bloemist

penata rambut

kapper

konduktor

conducteur

montir

monteur

kapten

kapitein

dokter gigi

tandarts

ilmuwan

wetenschapper

rabbi

rabbi

imam

imam

biarawan

monnik

pendeta

pastoor

alat
gereedschap

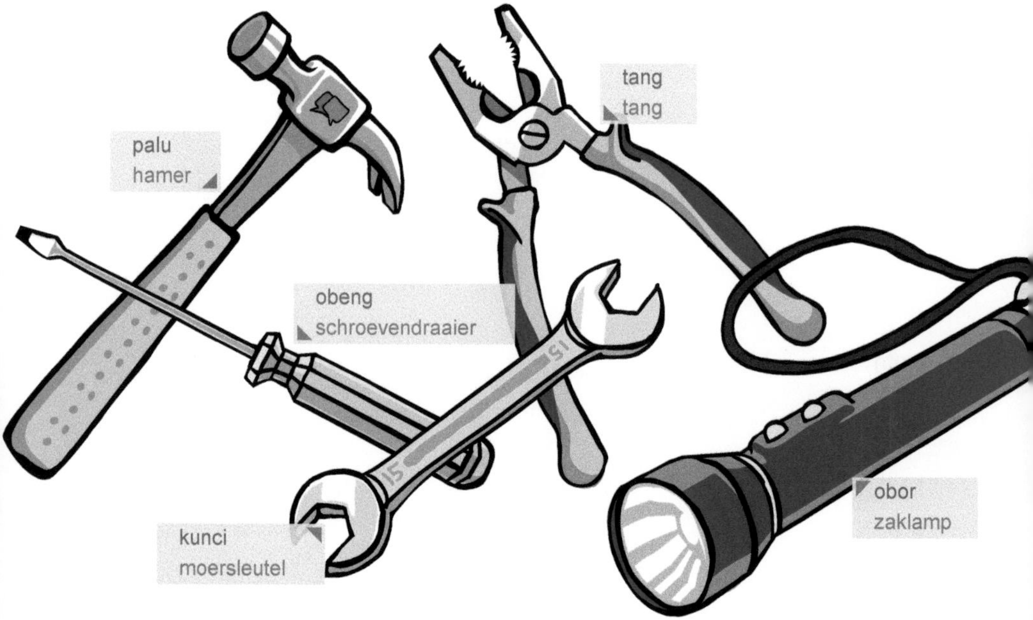
tang
tang
palu
hamer
obeng
schroevendraaier
kunci
moersleutel
obor
zaklamp

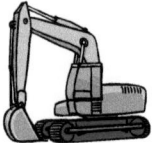

penggali
graafmachine

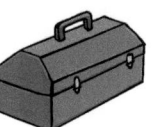

tas perkakas
gereedschapskist

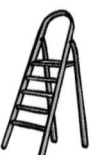

tangga
ladder

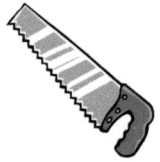

gergaji
zaag

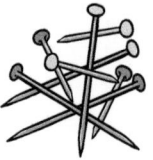

paku
spijkers

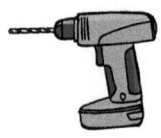

bor
boor

perbaikan

repareren

sekop

schep

Sialan!

Verdorie!

cikrak

stofblik

pot cat

verfpot

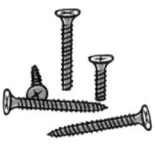

sekrup

schroeven

alat musik
muziekinstrumenten

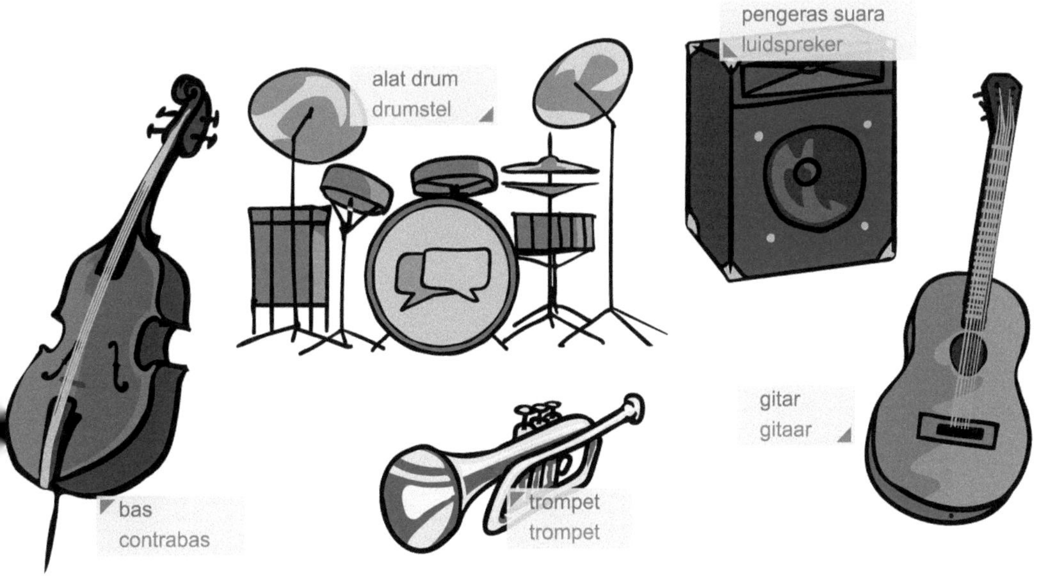

pengeras suara
luidspreker

alat drum
drumstel

gitar
gitaar

bas
contrabas

trompet
trompet

piano
piano

violin
viool

bass
bas

tambur
pauk

drum
trommel

keyboard
keyboard

saksofon
saxofoon

suling
fluit

mikrofon
microfoon

kebun binatang

dierentuin

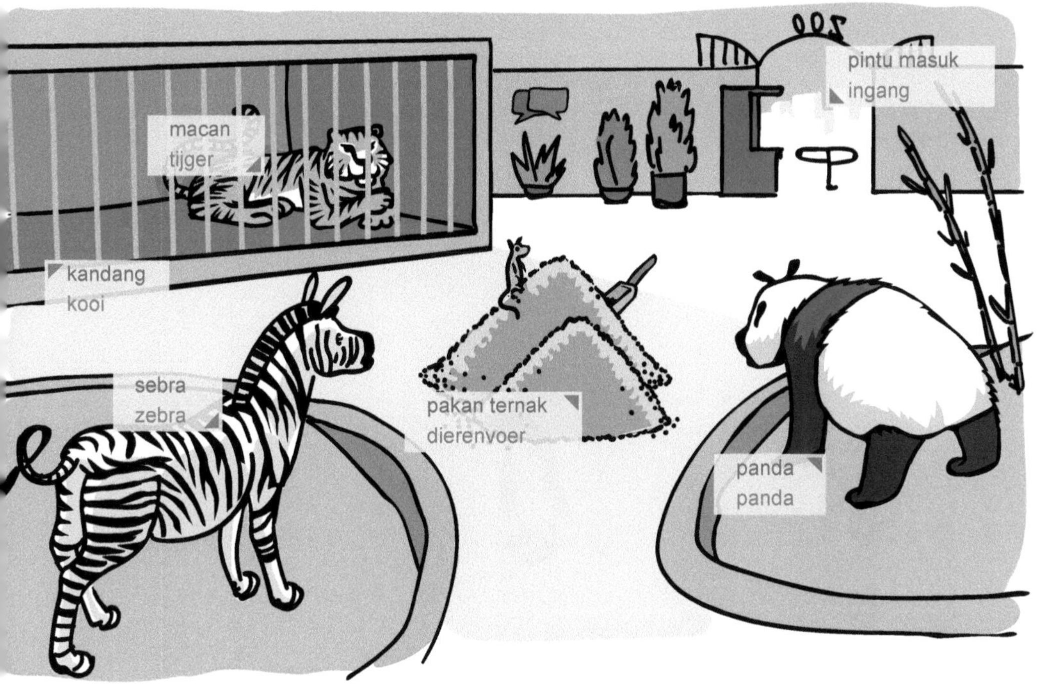

pintu masuk
ingang
macan
tijger
kandang
kooi
sebra
zebra
pakan ternak
dierenvoer
panda
panda

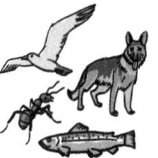

hewan

dieren

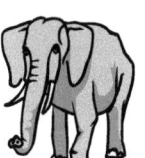

gajah

olifant

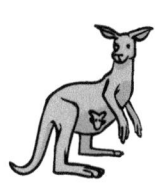

kanguru

kangoeroe

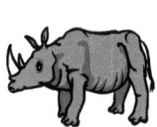

badak

neushoorn

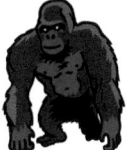

gorila

gorilla

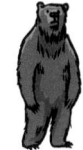

beruang

beer

unta

kameel

burung unta

struisvogel

singa

leeuw

monyet

aap

flamingo

flamingo

burung beo

papegaai

beruang polar

ijsbeer

penguin

pinguïn

hiu

haai

merak

pauw

ular

slang

buaya

krokodil

penjaga kebun binatang

dierenverzorger

segel

zeehond

jaguar

jaguar

kuda poni

pony

macan tutul

luipaard

kuda nil

nijlpaard

jerapah

giraffe

burung elang

adelaar

babi jantan

wild zwijn

ikan

vis

kura-kura

schildpad

anjing laut

walrus

rubah

vos

kijang

gazelle

american football
American football

naik sepeda
wielrennen

tennis
tennis

basketbal
basketbal

bernang
zwemmen

tinju
boksen

hoki es
ijshockey

sepak bola
voetbal

badminton
badminton

atletik
atletiek

bola tangan
handbal

main ski
skiën

polo
polo

aktivitas
activiteiten

meloncat
springen
memeluk
knuffelen
ketawa
lachen
berjalan
lopen
menyanyi
zingen
mengimpi
dromen
berdoa
bidden
mencium
kussen

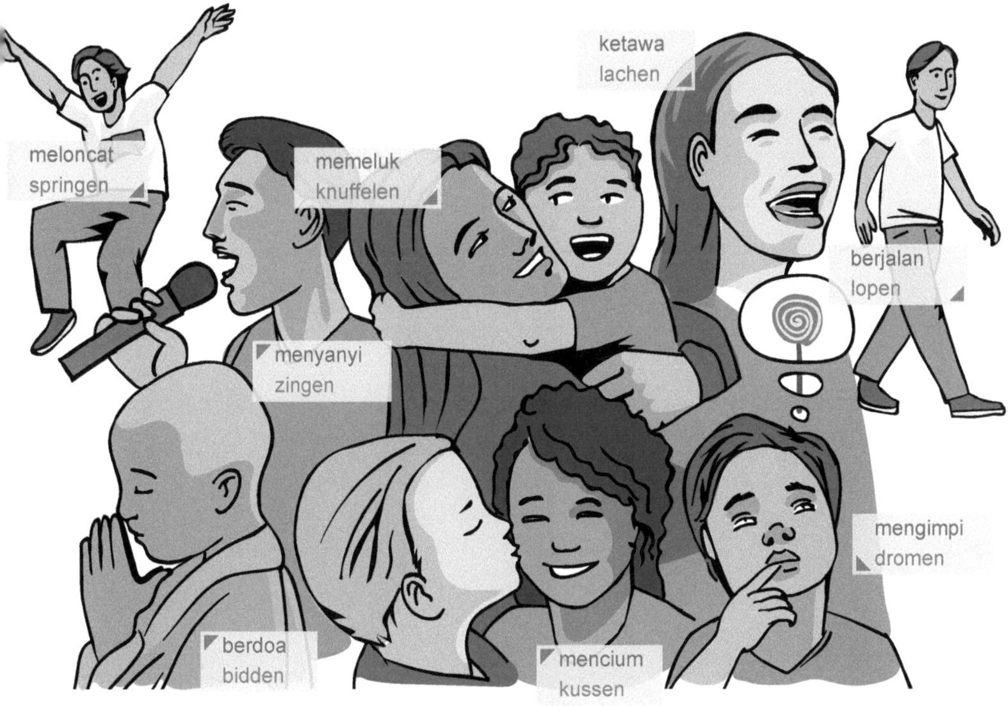

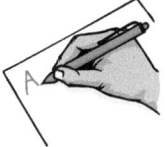

menulis

schrijven

melukis

tekenen

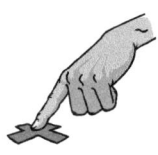

menunjuk

tonen

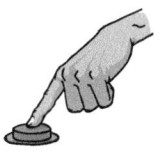

mendorong

duwen

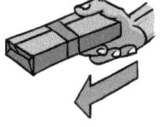

memberikan

geven

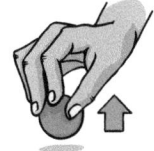

mengambil

oppakken

mempunyai

hebben

melakukan

doen

adalah

zijn

berdiri

staan

berlari

rennen

menarik

trekken

melempar

gooien

jatuh

vallen

tidur

liggen

menunggu

wachten

membawa

dragen

duduk

zitten

berpakaian

aankleden

tidur

slapen

bangun

wakker worden

aktivitas - activiteiten

melihat

bekijken

menangis

huilen

mengelus

strelen

menyisir

kammen

berbicara

praten

mengerti

begrijpen

menanyak

vragen

mendengar

horen

minum

drinken

makan

eten

merapikan

opruimen

cinta

houden van

memasak

koken

menyetir

rijden

terbang

vliegen

aktivitas - activiteiten

berlayar

zeilen

menghitung

rekenen

membaca

lezen

belajar

leren

bekerja

werken

menikah

trouwen

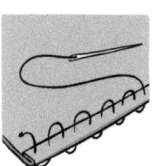

menjahit

naaien

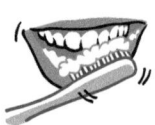

sikat gigi

tandenpoetsen

membunuh

doden

merokok

roken

kirim

verzenden

keluarga
familie

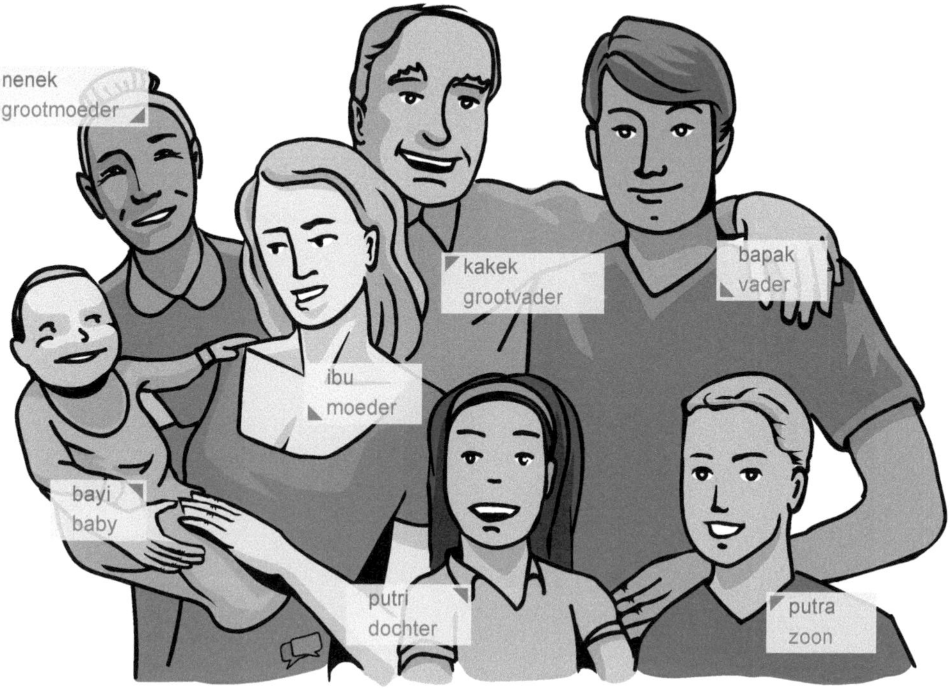

nenek
grootmoeder
kakek
grootvader
bapak
vader
ibu
moeder
bayi
baby
putri
dochter
putra
zoon

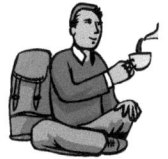

tamu
gast

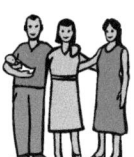

bibi
tante

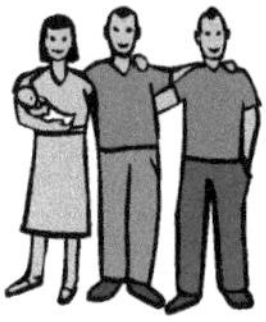

paman
oom

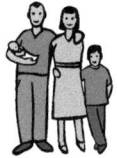

kakak laki
broer

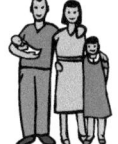

kakak perempuan
zus

badan

lichaam

dahi
voorhoofd
mata
oog
bahu
schouder
jari
vinger
muka
gezicht
dagu
kin
tangan
hand
kaki
been
payudara
borst
lengan
arm

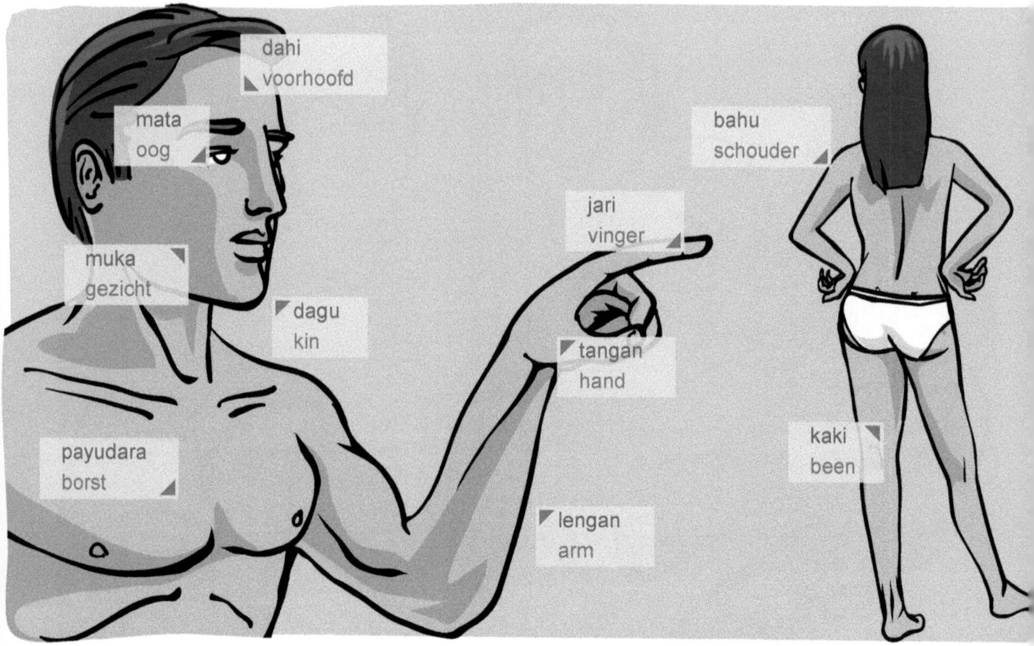

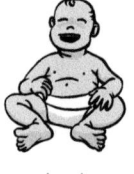

bayi

baby

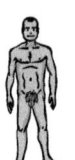

pria

man

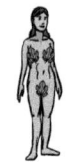

wanita

vrouw

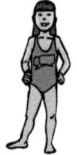

perempuan

meisje

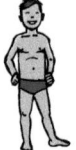

laki

jongen

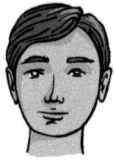

kepala

hoofd

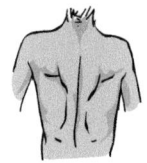

punggung
rug

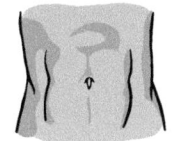

perut
buik

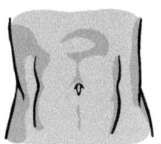

pusar
navel

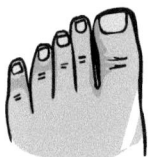

toe
teen

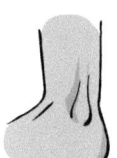

tumit
hiel

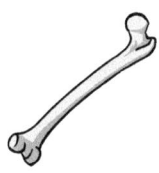

tulang
bot

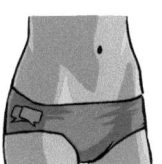

pinggang
heup

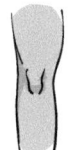

lutut
knie

siku
elleboog

hidung
neus

pantat
achterwerk

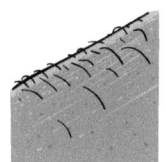

kulit
huid

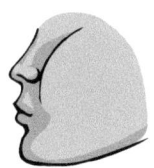

pipi
wang

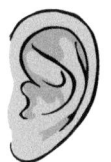

telinga
oor

bibir
lippen

mulut

mond

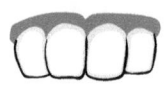

gigi

tand

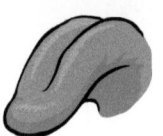

lidah

tong

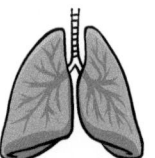

otak

hersenen

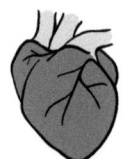

jantung

hart

otot

spier

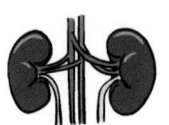

paru-paru

long

hati

lever

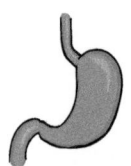

stomach

maag

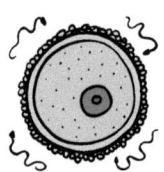

ginjal

nieren

hubungan seks

geslachtsgemeenschap

kondom

condoom

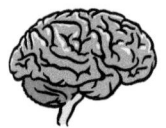

sel telur

eicel

sperma

sperma

kehamilan

zwangerschap

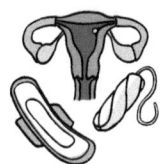

menstruasi

menstruatie

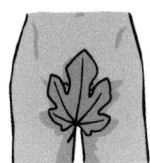

vagina

vagina

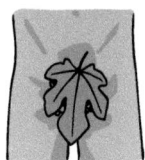

penis

penis

alis

wenkbrauw

rambut

haar

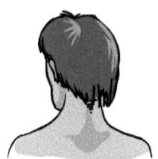

leher

hals

rumah sakit
ziekenhuis

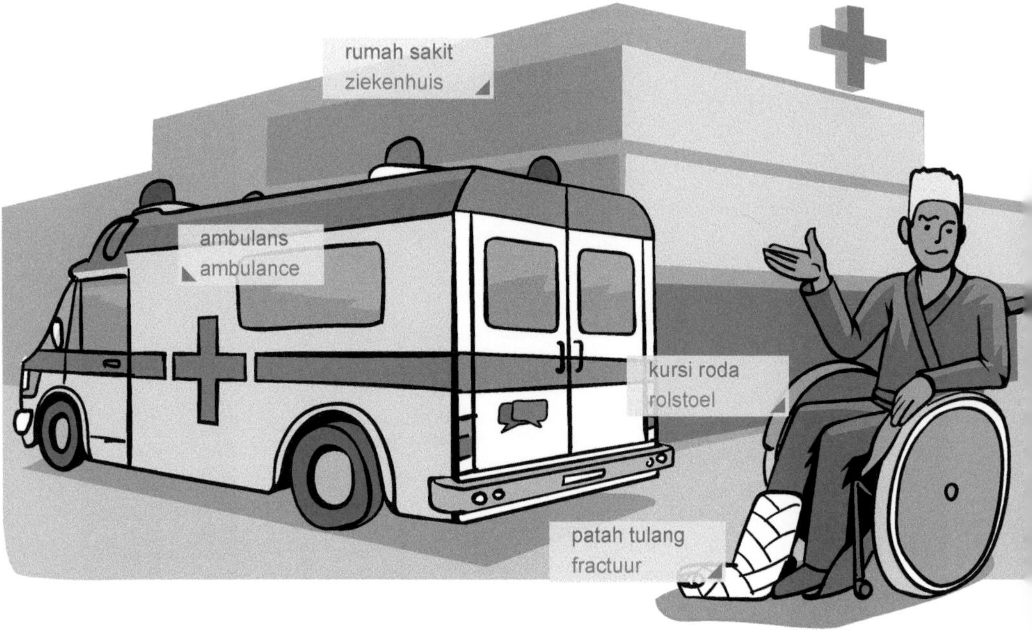

rumah sakit
ziekenhuis
ambulans
ambulance
kursi roda
rolstoel
patah tulang
fractuur

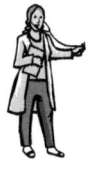

dokter

dokter

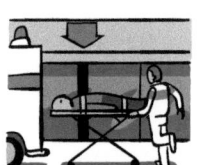

ruang darurat

EHBO

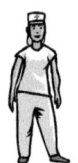

perawat

verpleegster

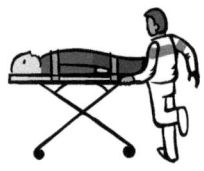

darurat

noodgeval

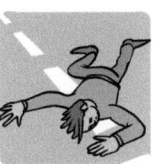

semaput

bewusteloos

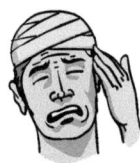

sakit

pijn

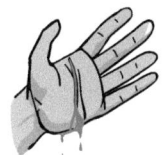

cedera
verwonding

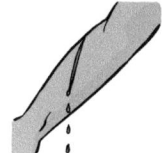

perdarahan
bloeding

serangan jantung
hartaanval

stroke
beroerte

alergi
allergie

batuk
hoest

demam
koorts

flu
griep

diare
diarree

sakit kepala
hoofdpijn

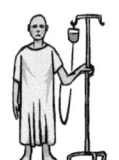

kanker
kanker

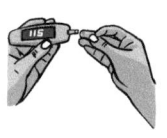

diabetes
diabetes

ahli bedah
chirurg

pisau bedah
scalpel

operasi
operatie

CT

CT

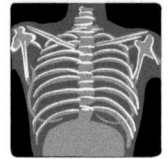

sinar x

röntgen

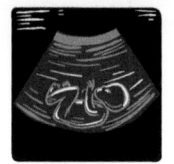

usg

echografie

topeng

gezichtsmasker

penyakit

ziekte

ruang tunggu

wachtkamer

penyokong

kruk

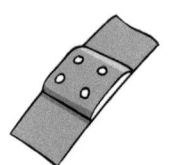

plester

pleister

perban

verband

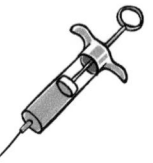

injeksi

injectie

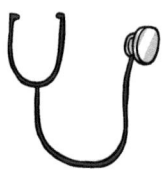

stetoskop

stethoscoop

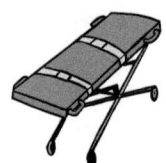

usungan

brancard

termometer klinis

thermometer

kelahiran

geboorte

kelebihan berat badan

overgewicht

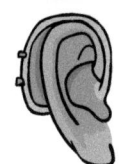

alat pendengar

gehoorapparaat

desinfektan

ontsmettingsmiddel

infeksi

infectie

virus

virus

HIV / AIDS

HIV / AIDS

obat

medicijn

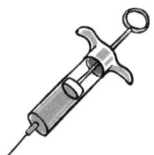

vaksinasi

inenting

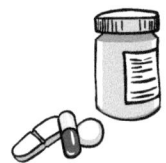

tablet

tabletten

pil

pil

panggilan darurat

alarmnummer

ukur tekanan darah

bloeddrukmeter

sakit / sehat

ziek / gezond

Tolong!

Help!

penyerbuan

overval

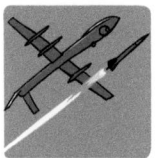

serangan

aanval

bahaya

gevaar

pintu darurat

nooduitgang

Api!

Brand!

alat pemadam kebakaran

brandblusser

kecelakaan

ongeluk

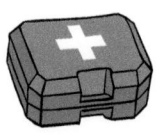

kit pertolongan pertama

EHBO-koffer

SOS

SOS

polisi

politie

Eropa

Europa

Amerika Utara

Noord-Amerika

Amerika Selatan

Zuid-Amerika

Afrika

Afrika

Asia

Azië

Australi

Australië

Atlantik

Atlantische Oceaan

Pasifik

Stille Oceaan

Samudra India

Indische Oceaan

Samudra Antartika

Zuidelijke Oceaan

Samudra Arktik

Noordelijke IJszee

kutub utara

Noordpool

kutub selatan

Zuidpool

Antarktika

Antarctica

bumi

aarde

tanah

land

laut

zee

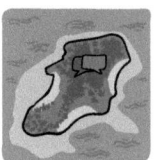

pulau

eiland

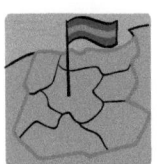

bangsa

natie

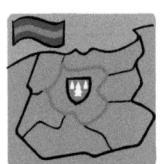

negara

staat

jam wajah

wijzerplaat

jarum pendek

uurwijzer

jarum menit

minutenwijzer

jarum detik

secondewijzer

Jam berapa?

Hoe laat is het?

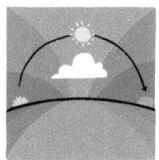

hari

dag

waktu

tijd

sekarang

nu

jam digital

digitaal horloge

menit

minuut

jam

uur

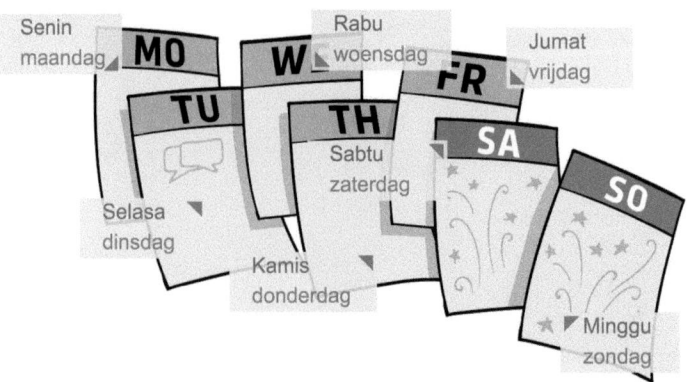

Senin – maandag
Selasa – dinsdag
Rabu – woensdag
Kamis – donderdag
Jumat – vrijdag
Sabtu – zaterdag
Minggu – zondag

kemaren
gisteren

hari ini
vandaag

besok
morgen

pagi
ochtend

siang
middag

malam
avond

hari kerja
werkdagen

akhir minggu
weekend

tahun
jaar

hujan
regen
pelangi
regenboog
angin
wind
salju
sneeuw
musim semi
voorjaar
musim panas
zomer
musim gugur
herfst
musim dingin
winter

4.APRIL 11°
5.APRIL 4°
6.APRIL 13°
7.APRIL 8°
8.APRIL 10°

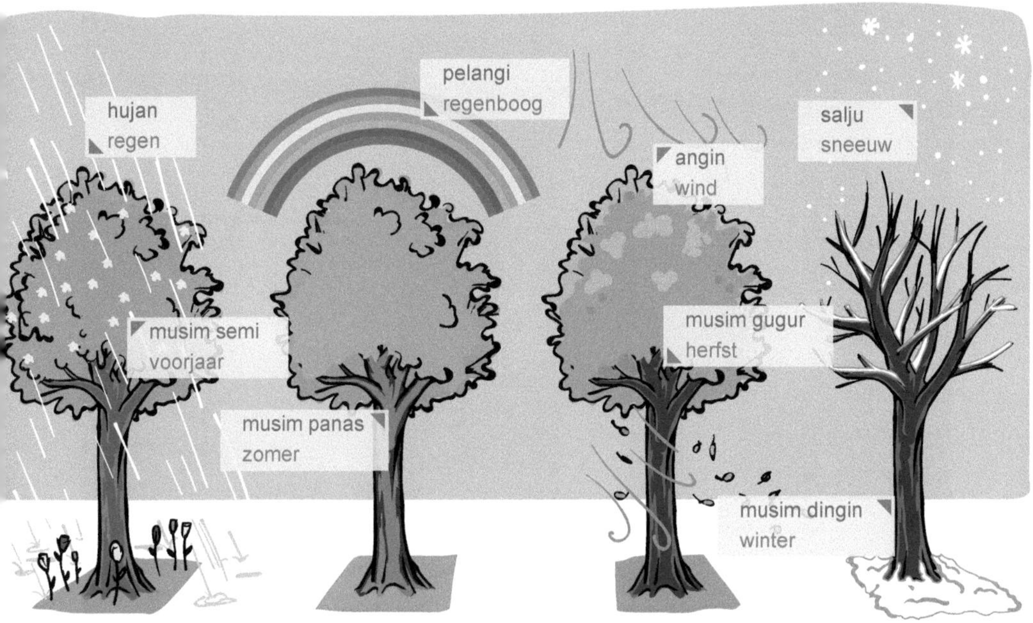

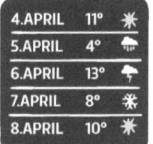

ramalan cuaca
weerbericht

F
C
120
90
60
30
0
-30
40
30
20
10
0
-10
-20

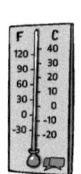

termometer
thermometer

matahari
zonneschijn

awan
wolk

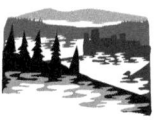

kabut
mist

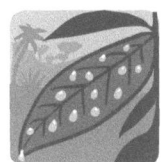

kelembahan
luchtvochtigheid

kilat

bliksem

guntur

donder

badai

storm

hujan es

hagel

monsun

moesson

banjir

overstroming

es

ijs

Januari

januari

Februari

februari

Maret

maart

April

april

Mei

mei

Juni

juni

Juli

juli

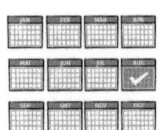

Agustus

augustus

September
september

Oktober
oktober

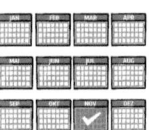

November
november

Desember
december

lingkaran
cirkel

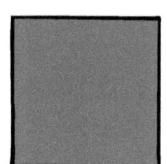

persegi
vierkant

persegi panjang
rechthoek

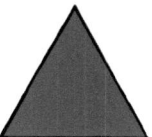

segi tiga
driehoek

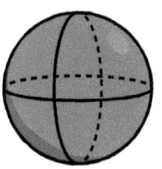

bola
bol

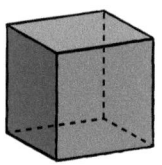

kubus
kubus

putih

wit

kuning

geel

oranye

oranje

pink

roze

merah

rood

ungu

paars

biru

blauw

hijau

groen

coklat

bruin

abu-abu

grijs

hitam

zwart

banyak / sedikit

veel / weinig

marah / tenang

boos / rustig

cantik / jelek

mooi / lelijk

mulaih / selesai

begin / einde

besar / kecil

groot / klein

terang / gelap

licht / donker

saudara laki-laki / saudara perempuan

broer / zus

bersih / kotor

schoon / vies

lengkap / tidak lengkap

volledig / onvolledig

hari / malam

dag/ nacht

mati / hidup

dood / levend

luas / sempit

breed / smal

dapat dimakan / tidak dapat dimakan

eetbaar / oneetbaar

jahat / baik

gemeen / aardig

bersemangat / bosan

opgewonden / verveeld

gemuk / kurus

dik / dun

pertama / terakhir

eerste / laatste

teman / musuh

vriend / vijand

penuh / kosong

vol / leeg

keras / lembut

hard / zacht

berat / enteng

zwaar / licht

lapar / haus

honger / dorst

sakit / sehat

ziek / gezond

ilegal / legal

illegaal / legaal

cerdas / bodoh

intelligent / dom

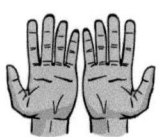

kiri / kanan

links / rechts

dekat / jauh

dichtbij / ver

baru / bekas
nieuw / gebruikt

tidak ada apapun / sesuatu

niets / iets

tua / muda
oud / jong

nyala / mati
aan / uit

buka / tutup
open / gesloten

tenang / keras
zacht / luid

kaya / miskin
rijk / arm

benar / salah
goed / fout

kasar / halus
ruw / glad

sedih / gembira
verdrietig / gelukkig

pendek / panjang
kort / lang

pelan-pelan / cepat
langzaam / snel

basah / kering
nat / droog

hangat / sejuk
warm / koel

perang / damai
oorlog / vrede

angka-angka
getallen

0	1	2
nol	satu	dua
nul	één	twee

3	4	5
tiga	empat	lima
drie	vier	vijf

6	7	8
enam	tujuh	delapan
zes	zeven	acht

9	10	11
sembilan	sepuluh	sebelas
negen	tien	elf

12

duabelas

twaalf

13

tigabelas

dertien

14

empatbelas

veertien

15

limabelas

vijftien

16

enambelas

zestien

17

tujuhbelas

zeventien

18

delapanbelas

achttien

19

sembilanbelas

negentien

20

duapuluh

twintig

100

seratus

honderd

1.000

seribu

duizend

1.000.000

juta

miljoen

Inggris

Engels

bahasa Inggris Amerika

Amerikaans Engels

bahasa Cina Mandarin

Chinees Mandarijn

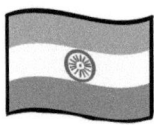

bahasa Hindi

Hindi

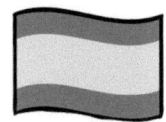

bahasa Spanyol

Spaans

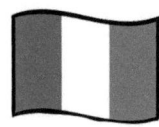

bahasa Perancis

Frans

bahasa Arab

Arabisch

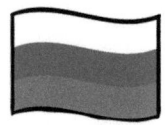

bahasa Rusia

Russisch

bahasa Portugis

Portugees

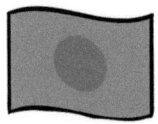

bahasa Bengal

Bengalees

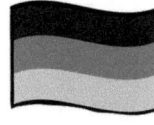

bahasa Jerman

Duits

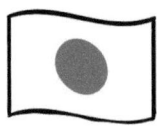

bahasa Jepang

Japans

saya

ik

kamu

jij

dia

hij / zij / het

kita

wij

kalian

jullie

mereka

zij

siapa?

wie?

apa?

wat?

begaimana?

hoe?

dimana?

waar?

kapan?

wanneer?

nama

naam

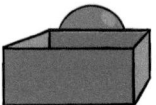

dibelakang

achter

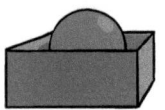

di

in

didepan

voor

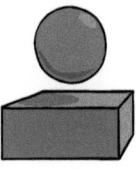

diatas

boven

diatas

op

dibawah

onder

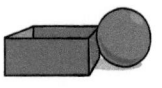

sebelah

naast

di antara

tussen

tempat

plaats